this book belongs to :

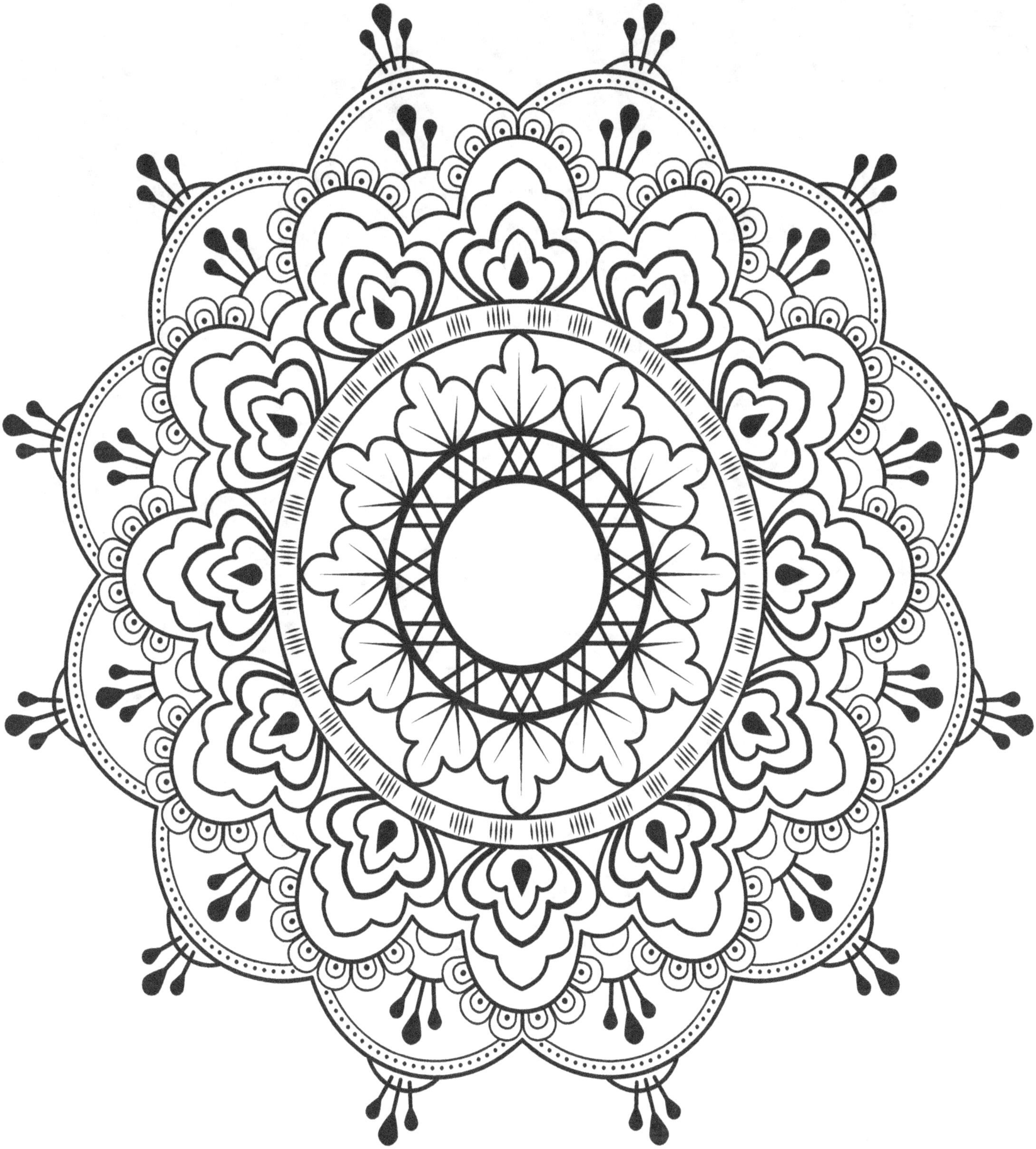

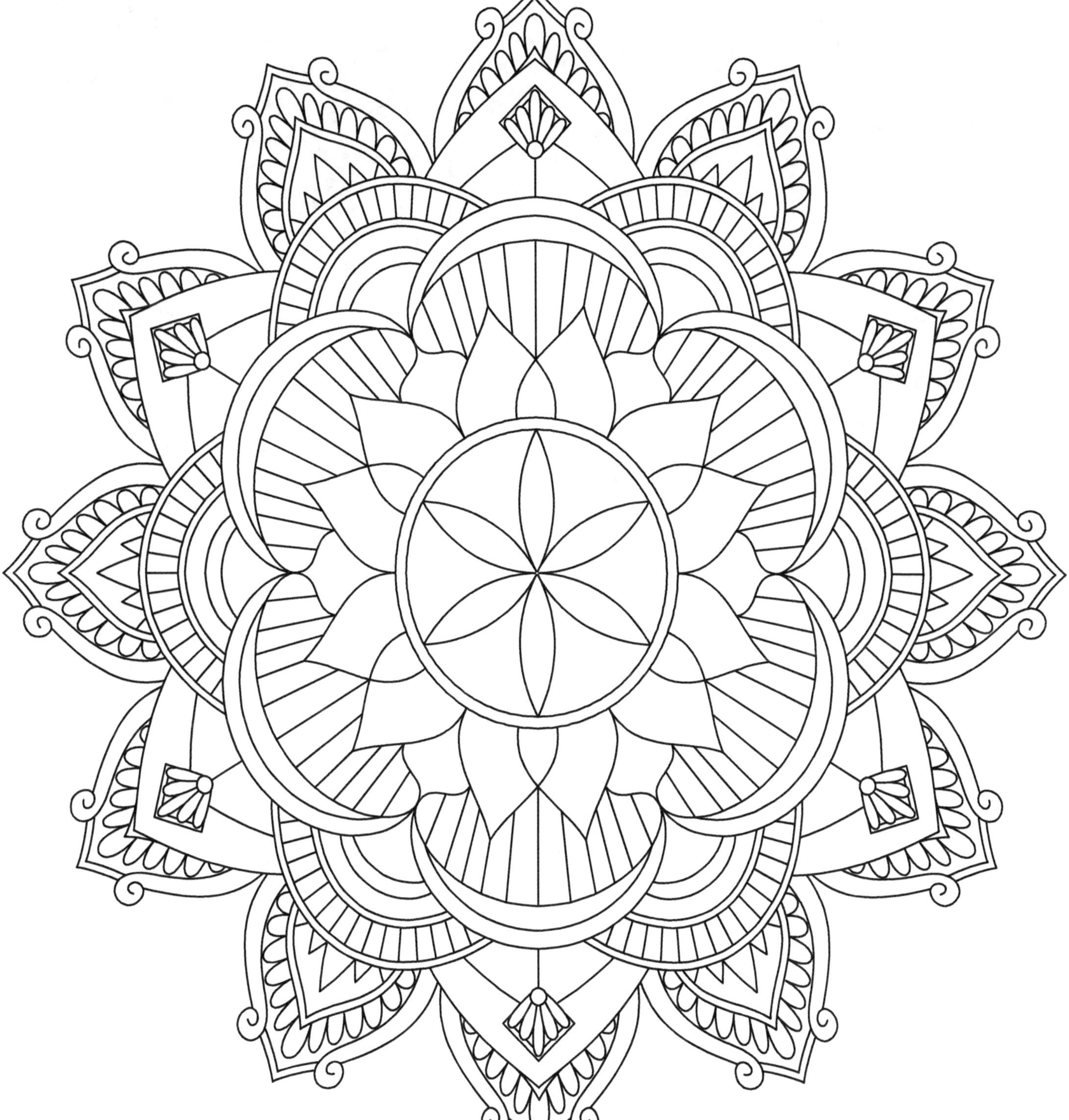

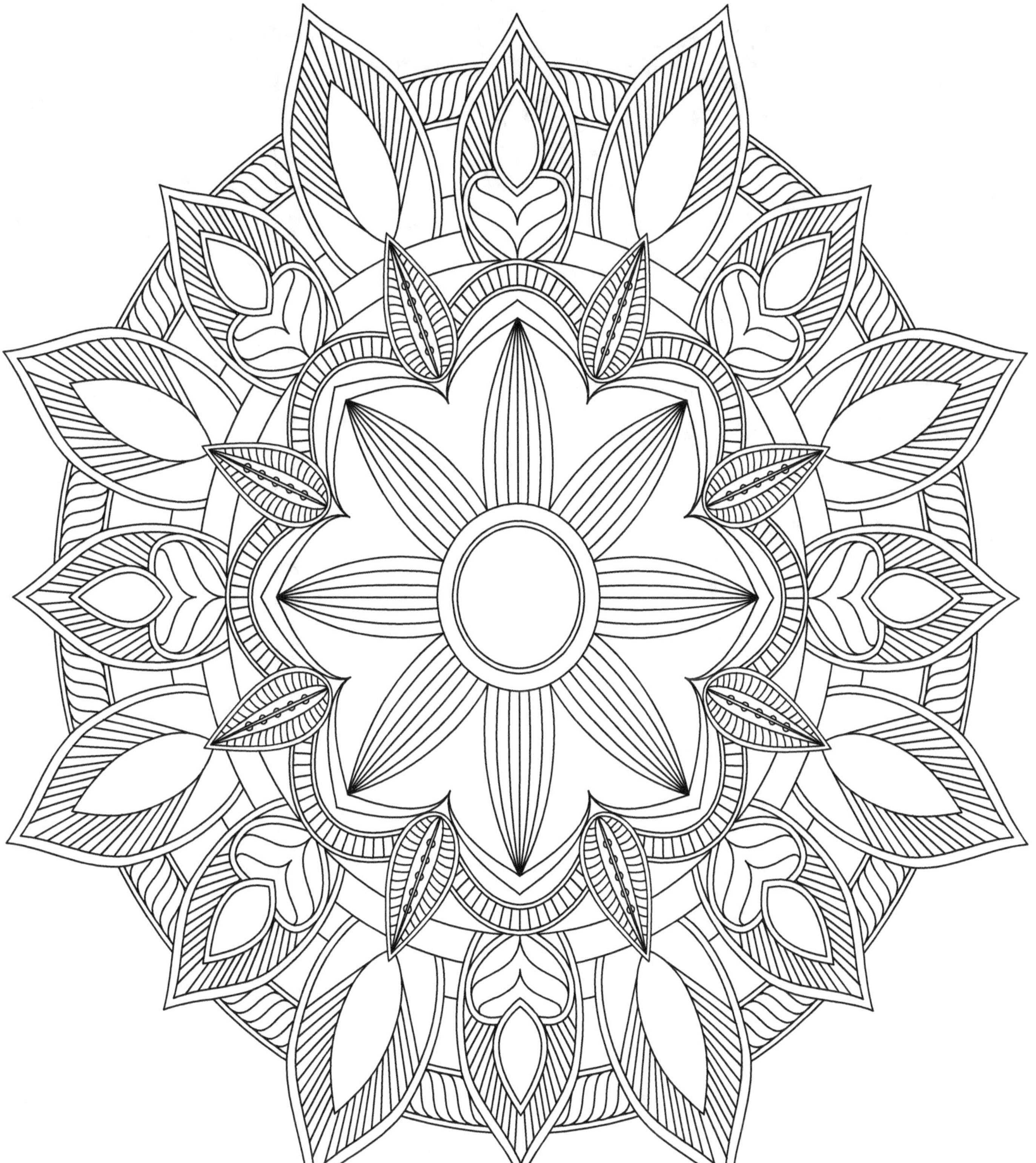

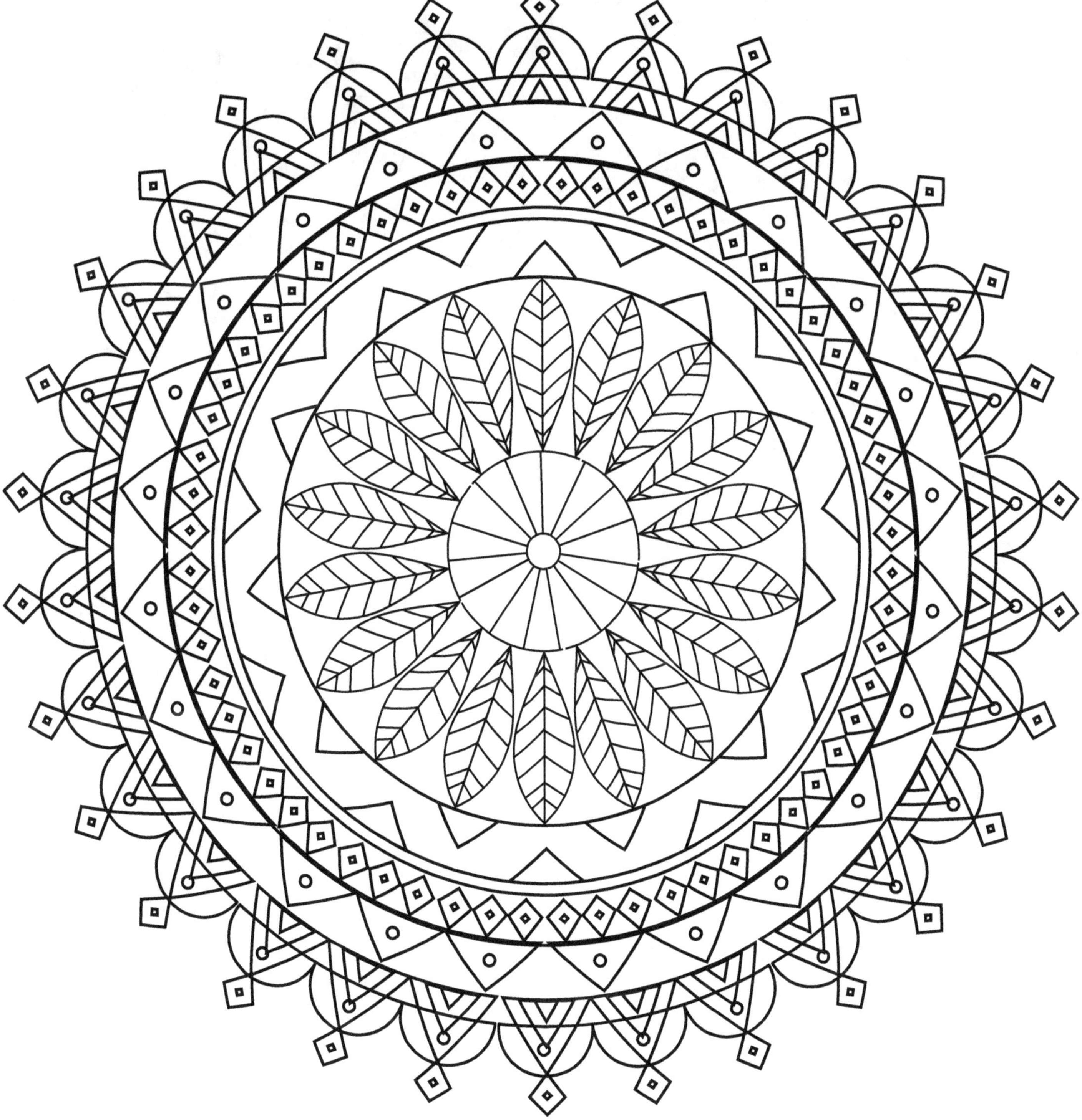

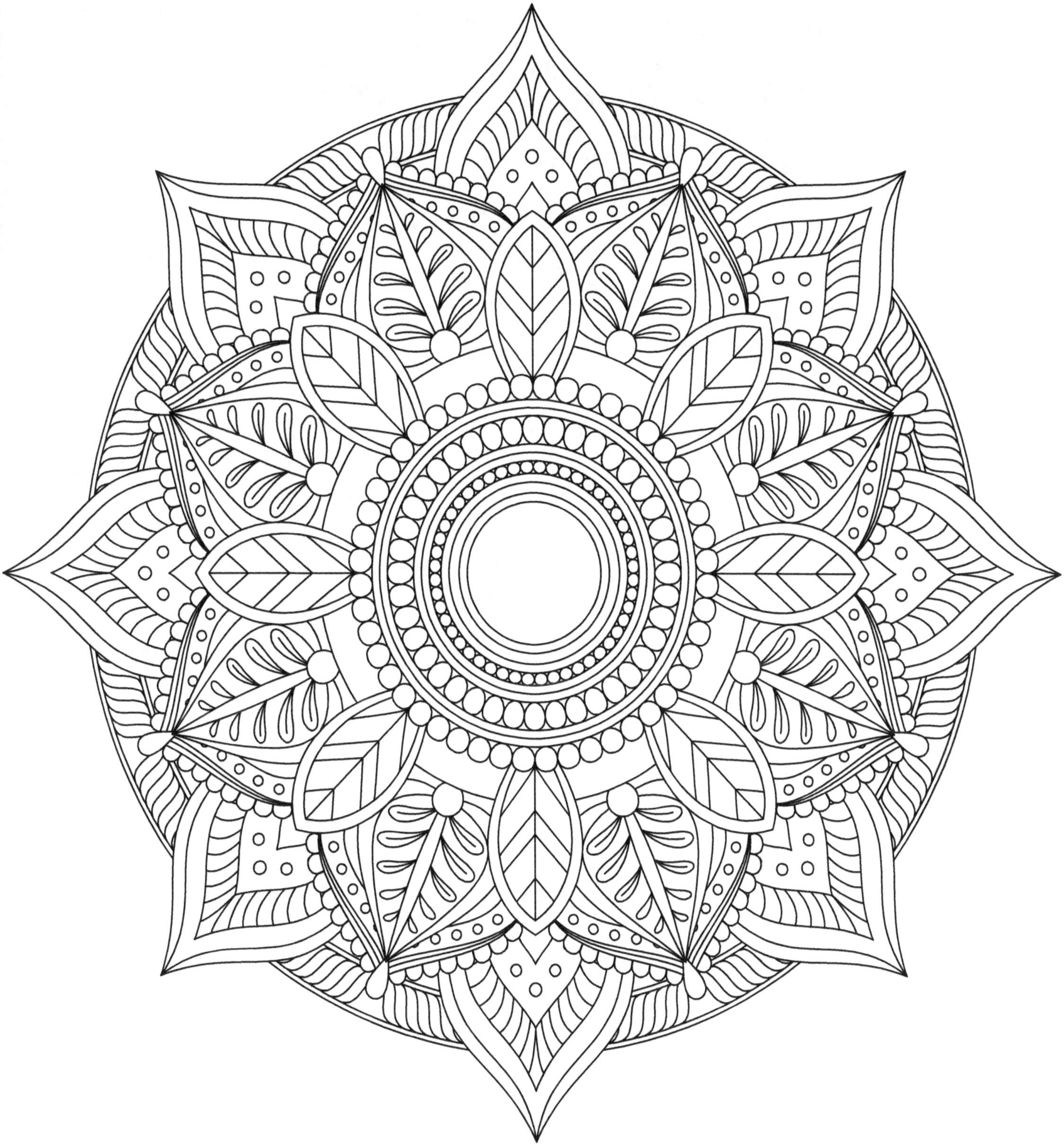

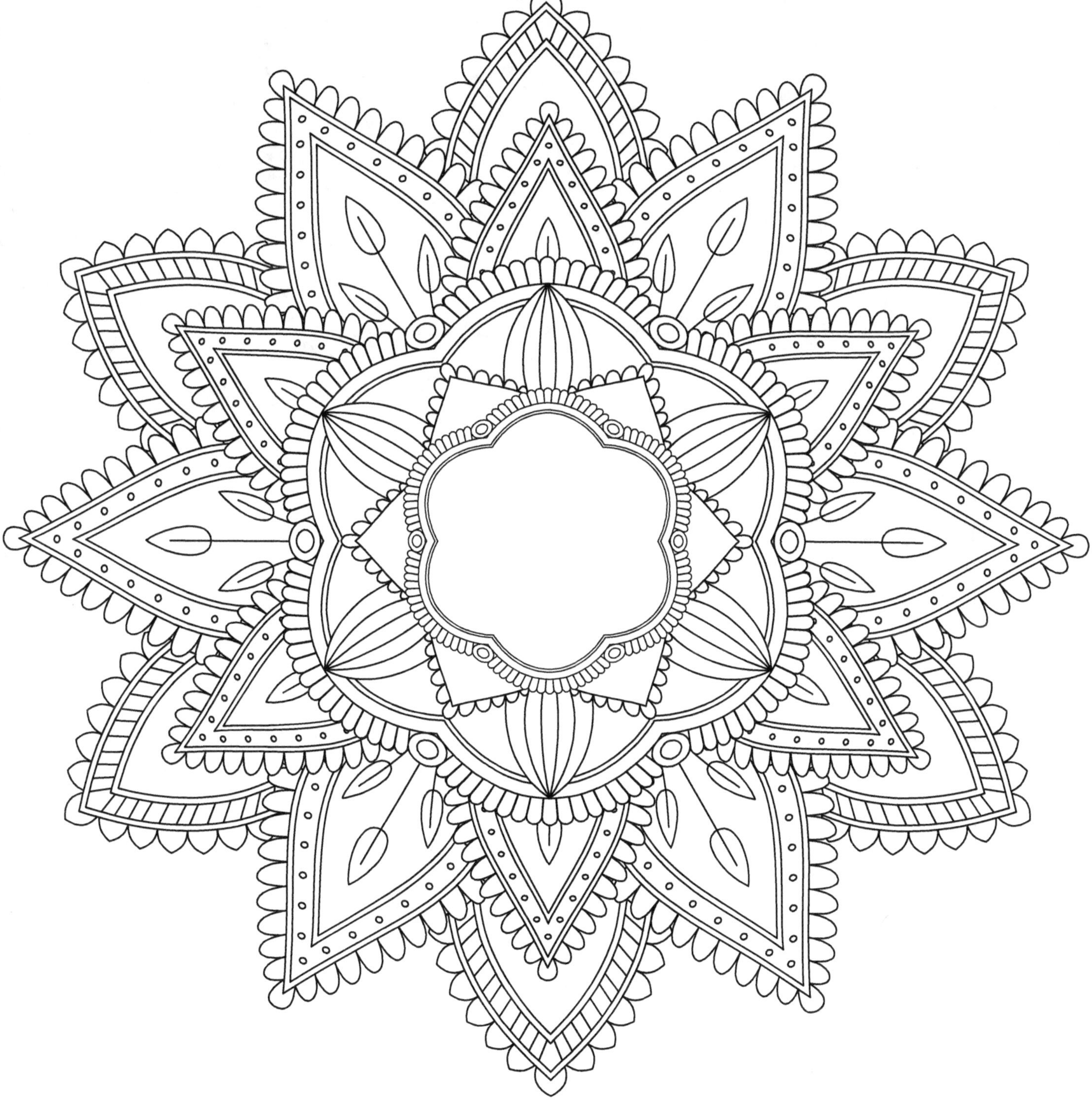

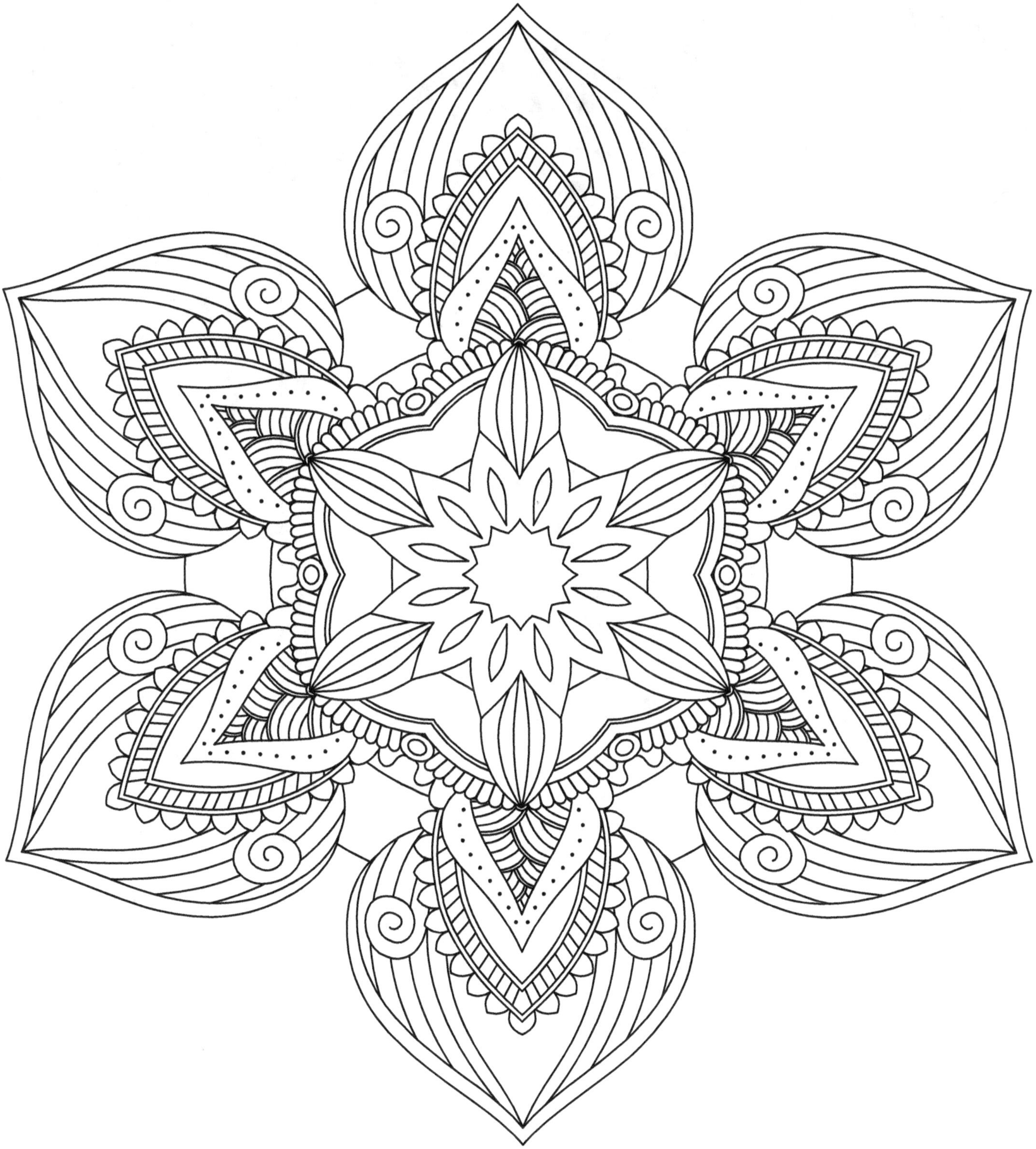

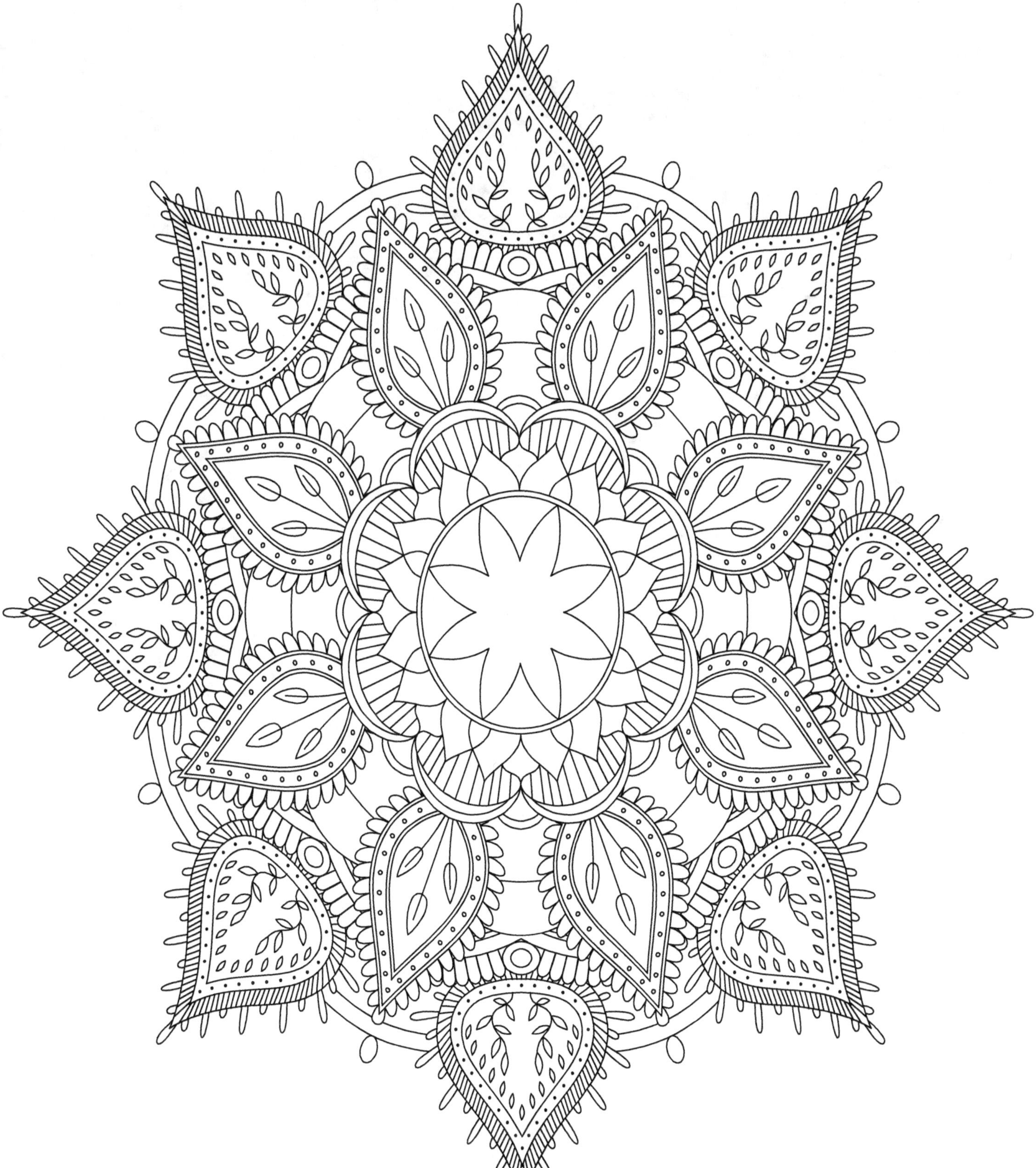

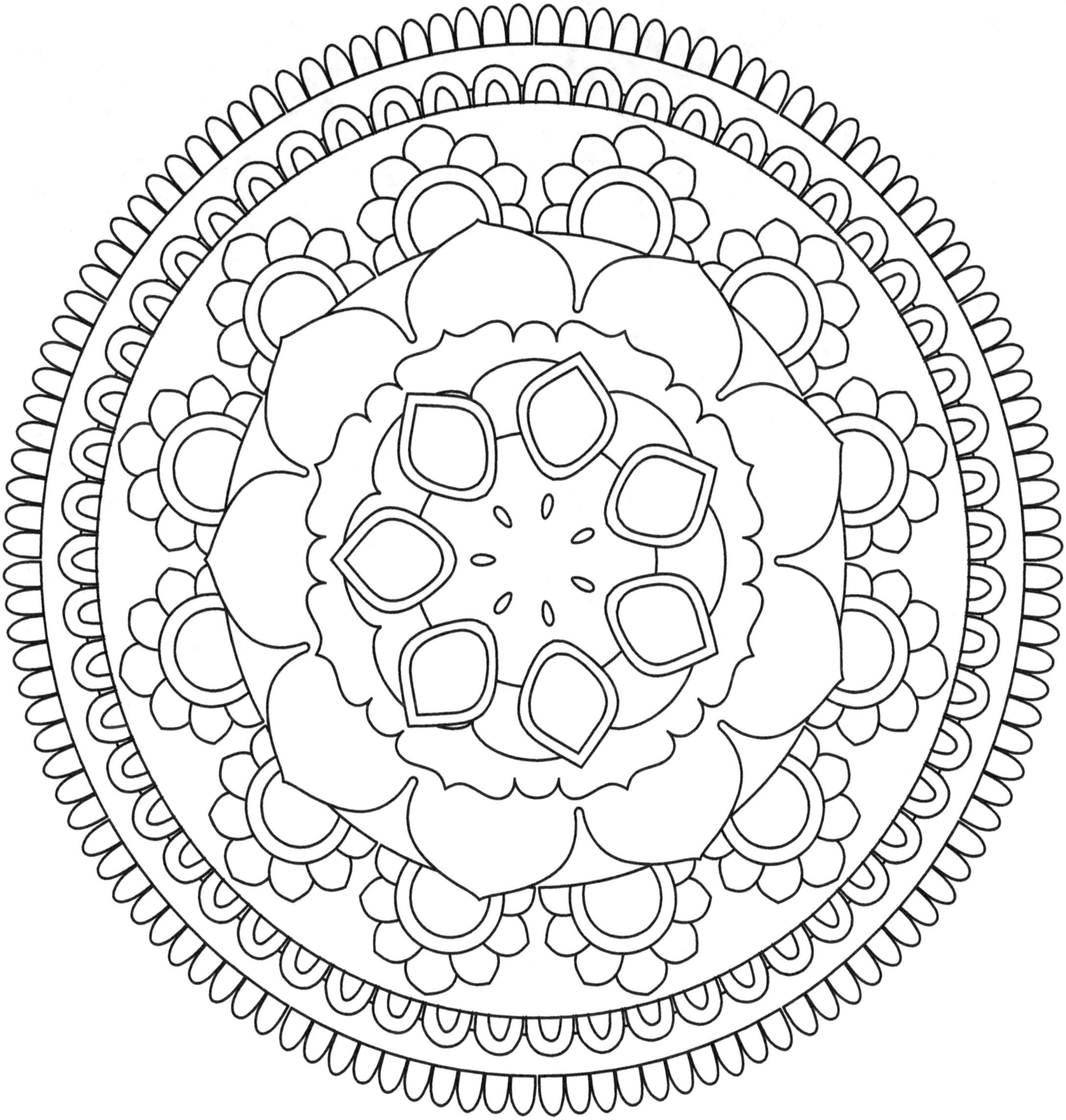

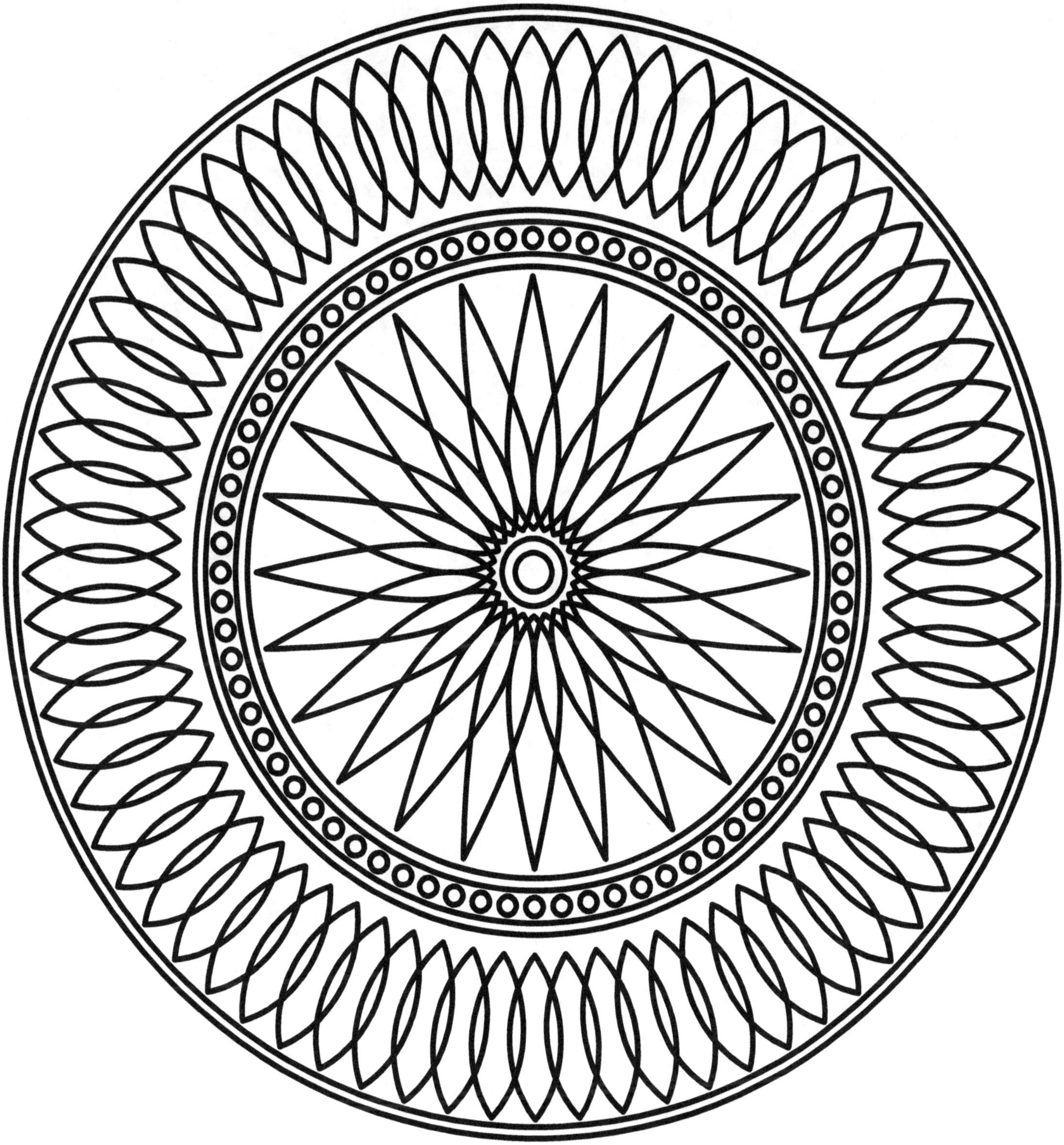

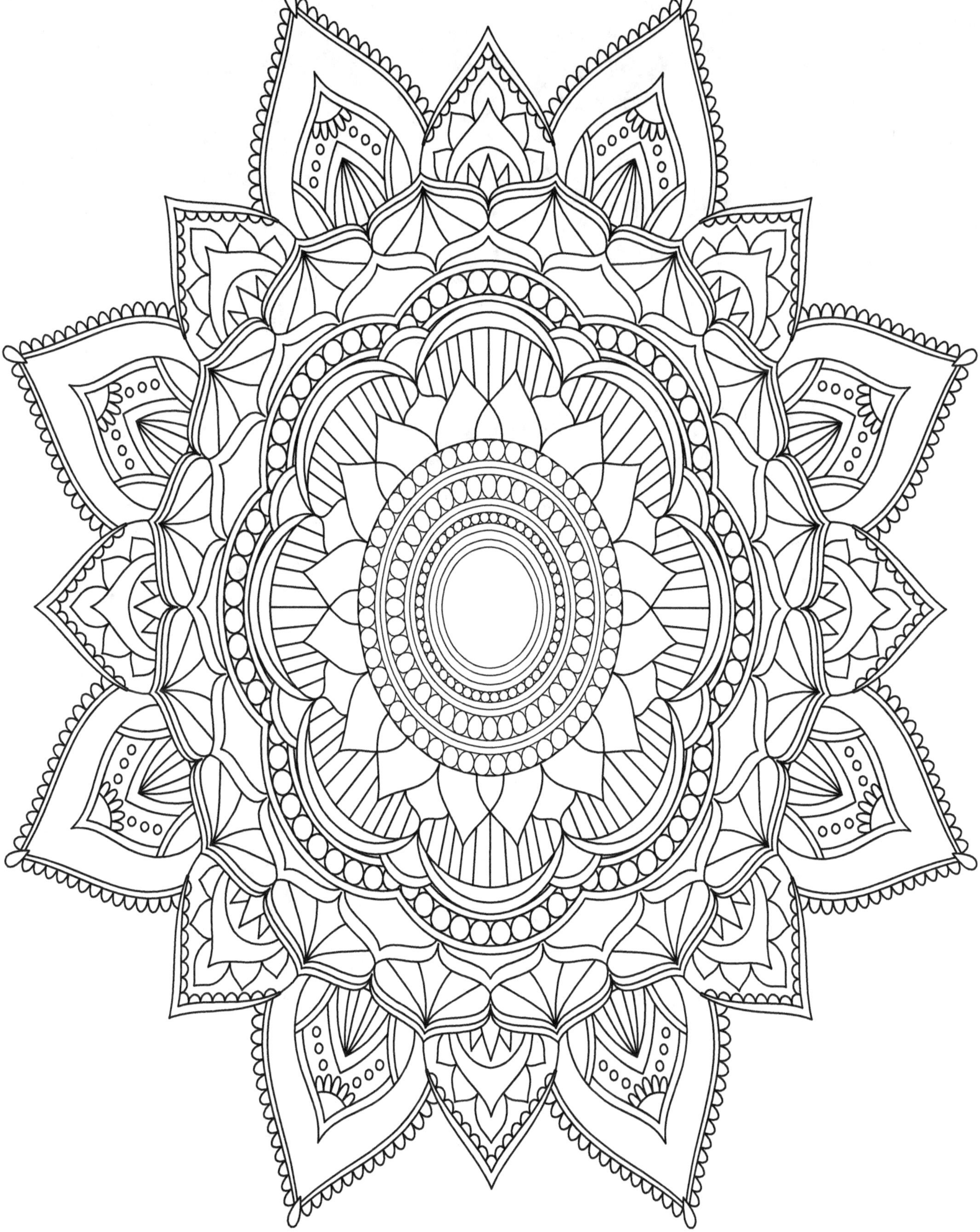

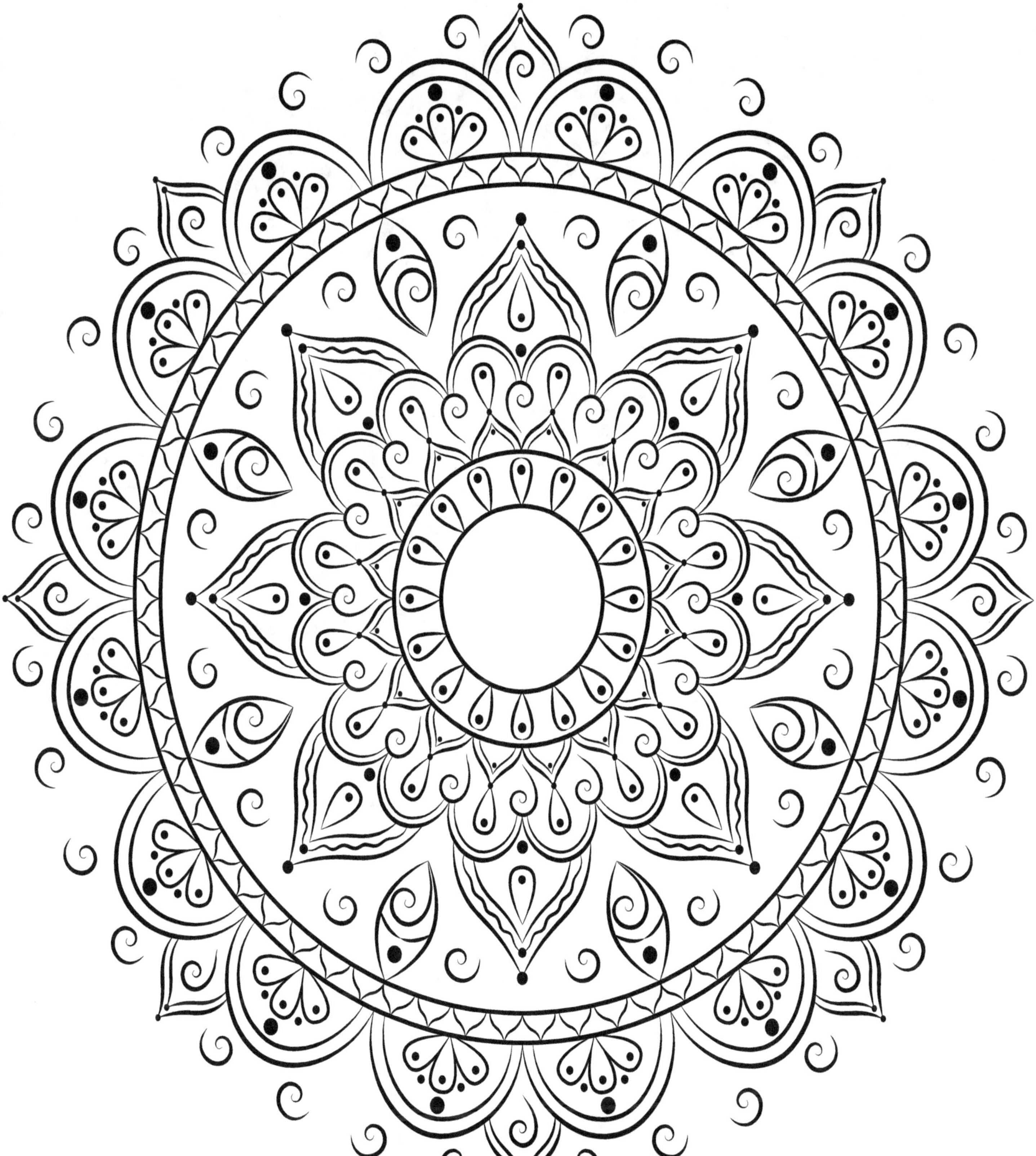

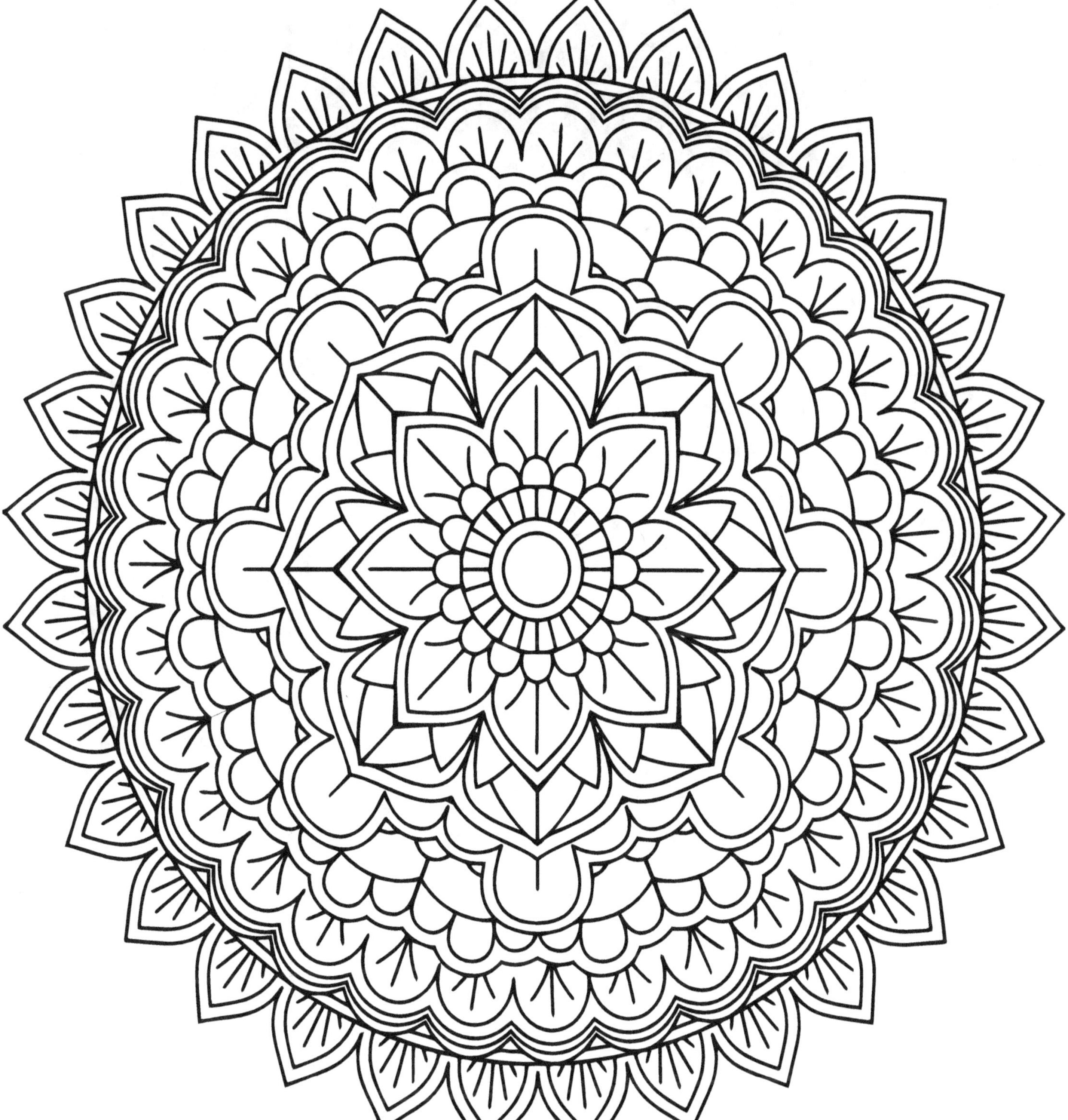

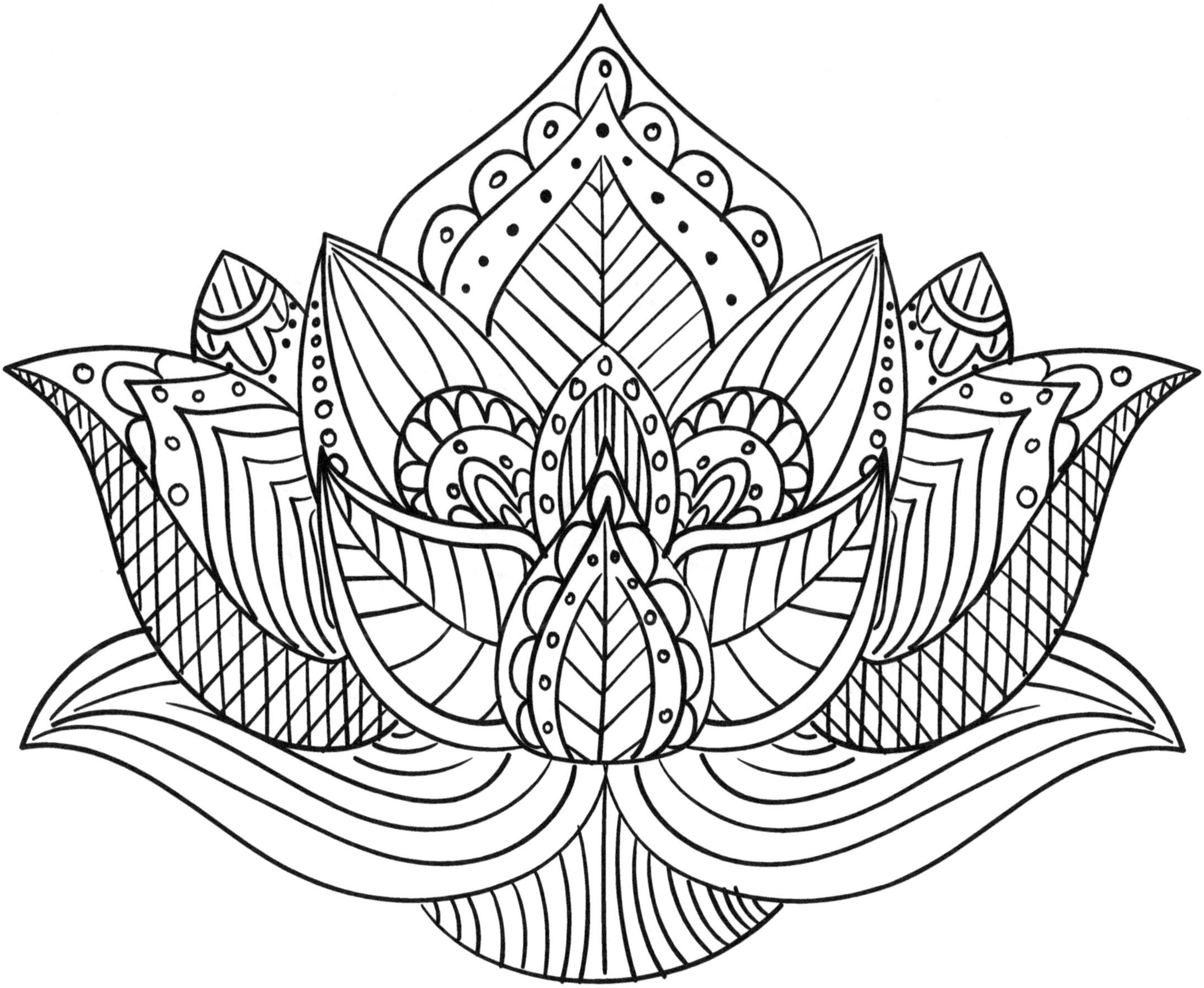

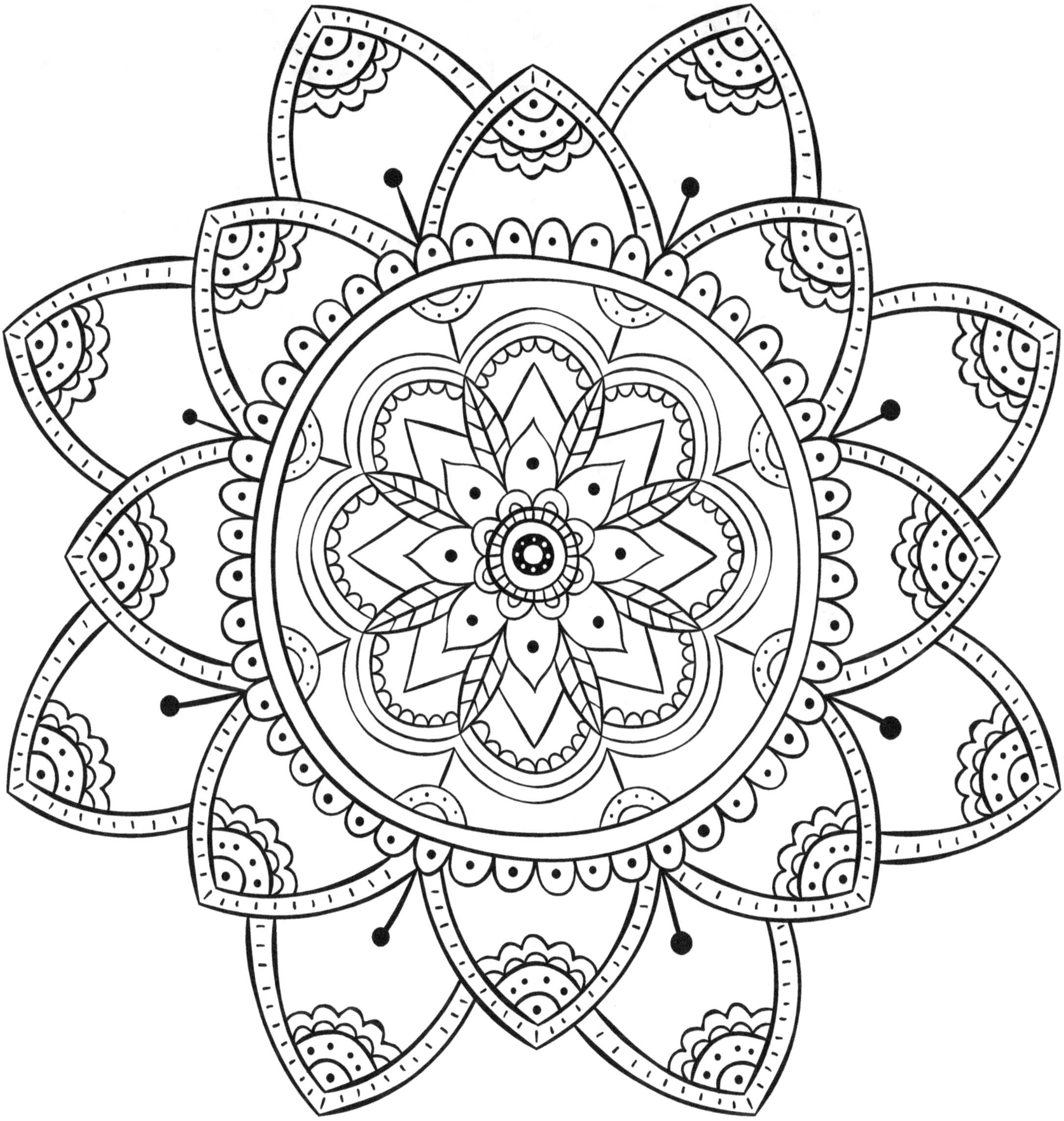

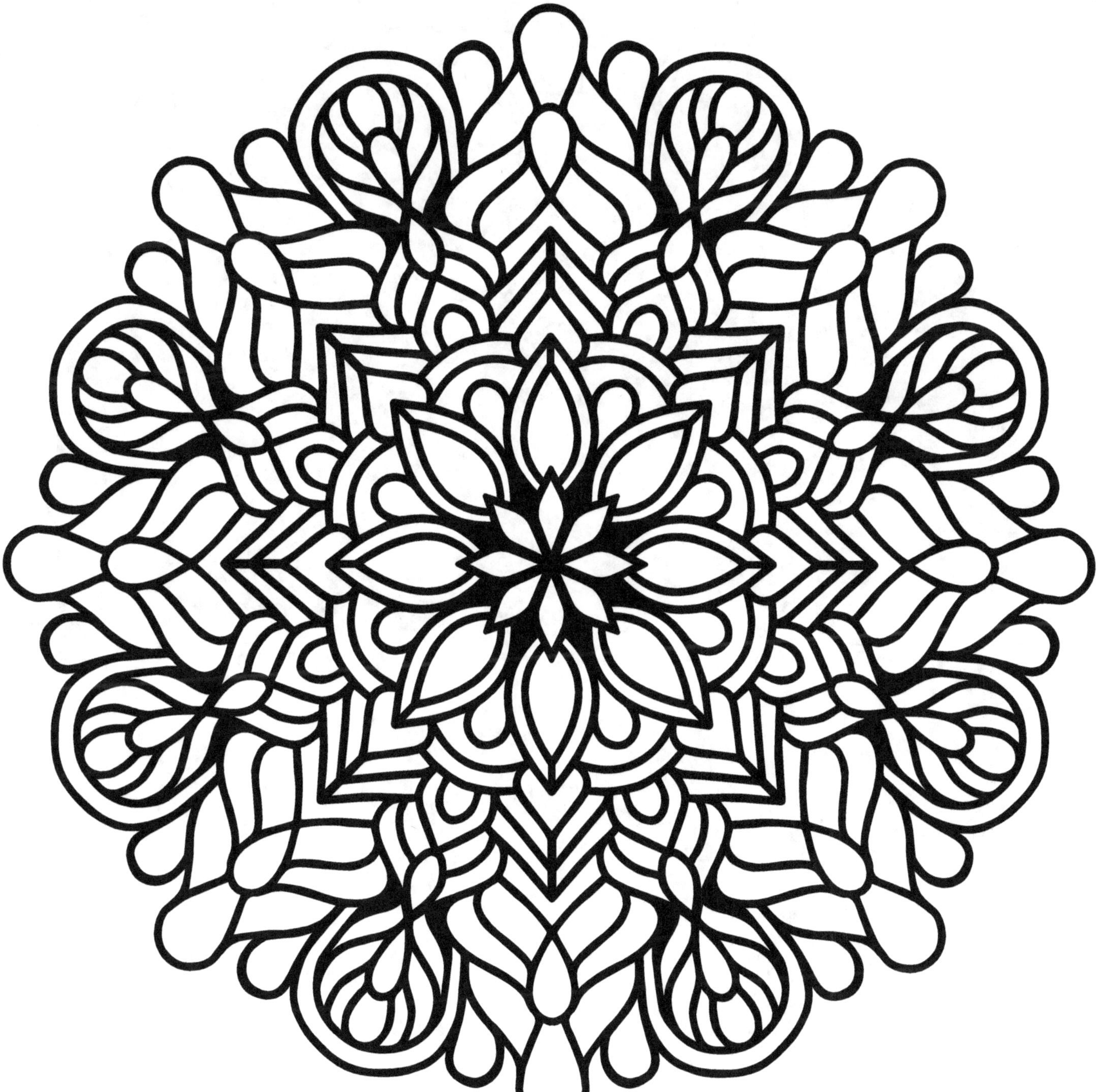

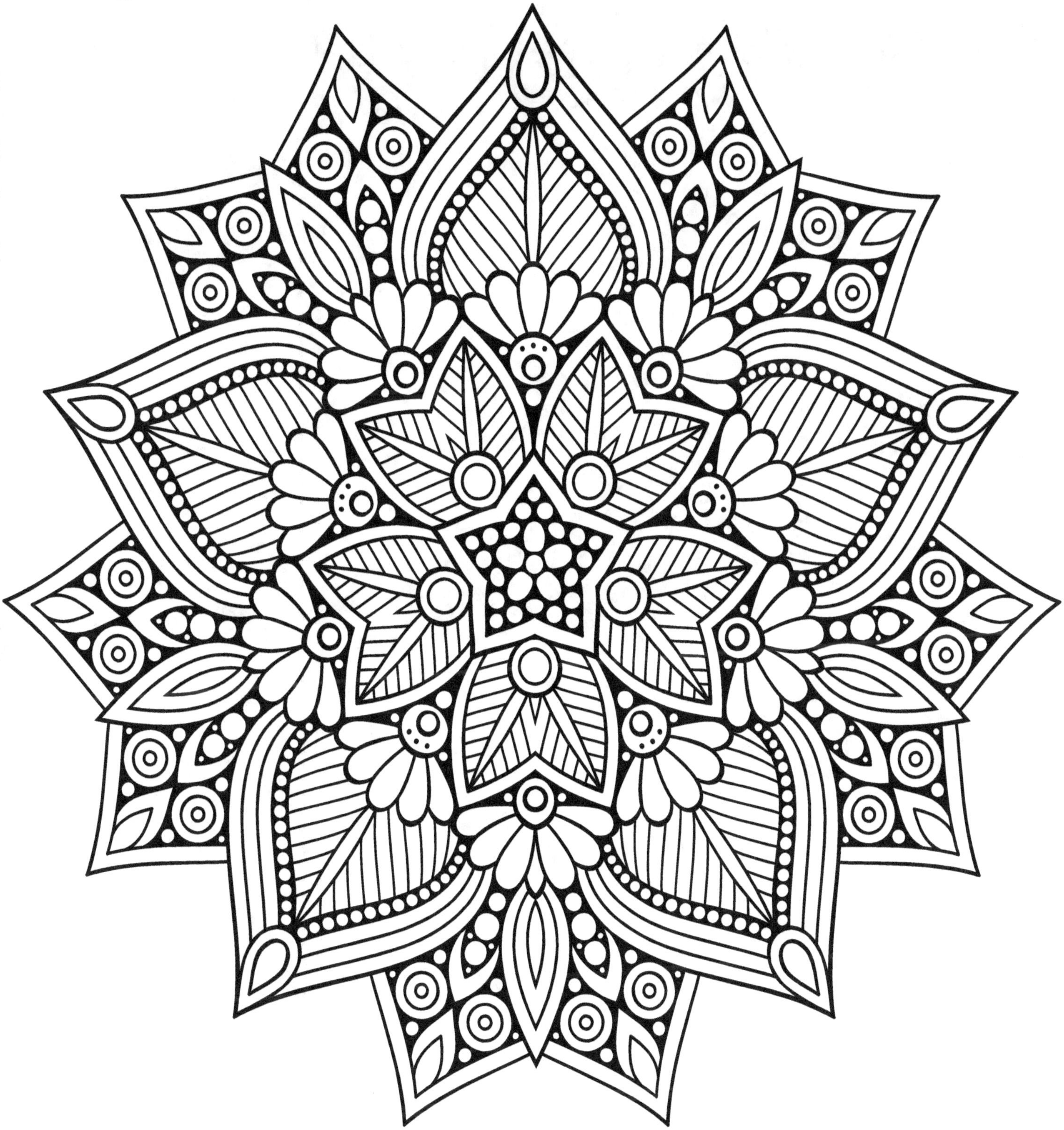

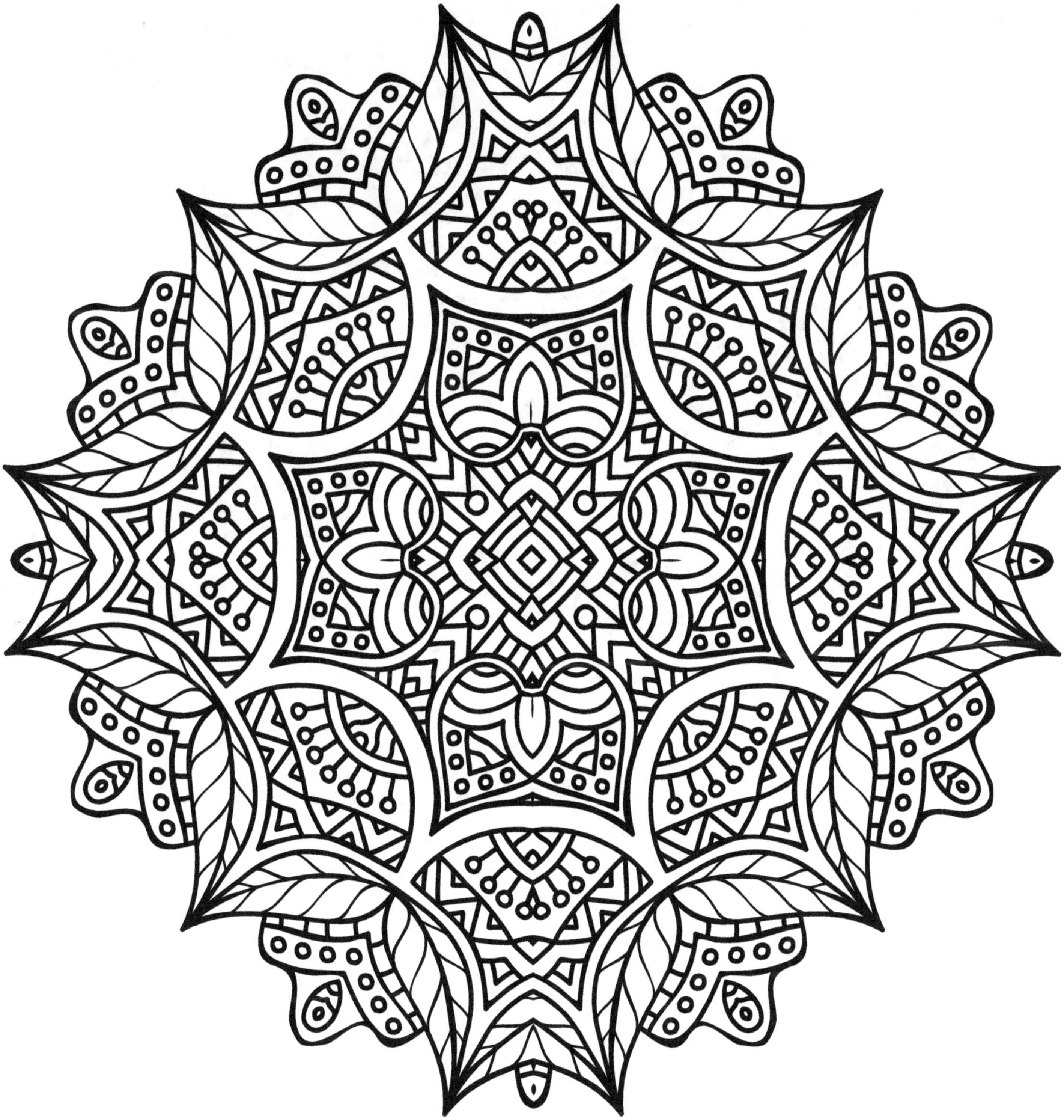

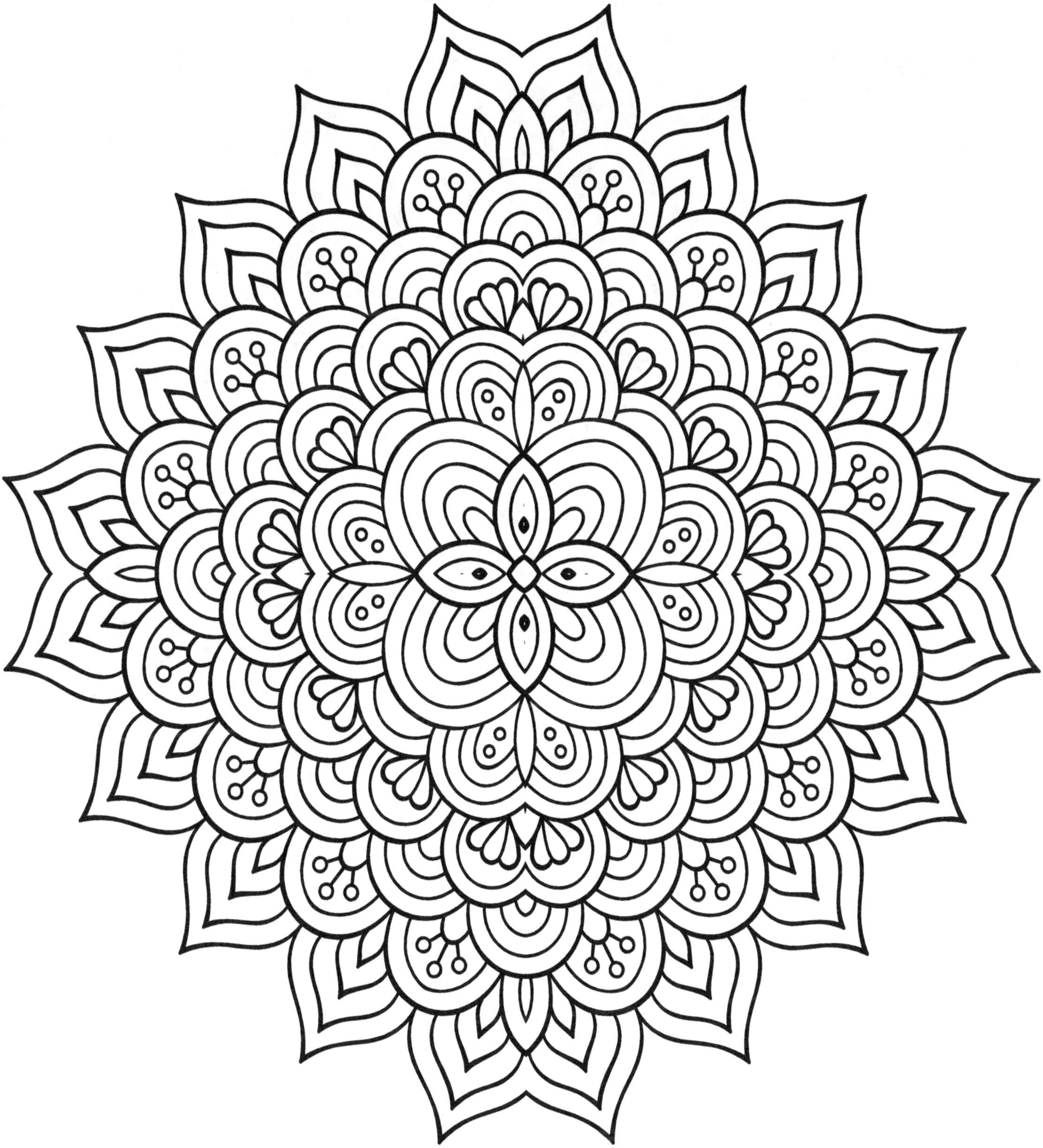

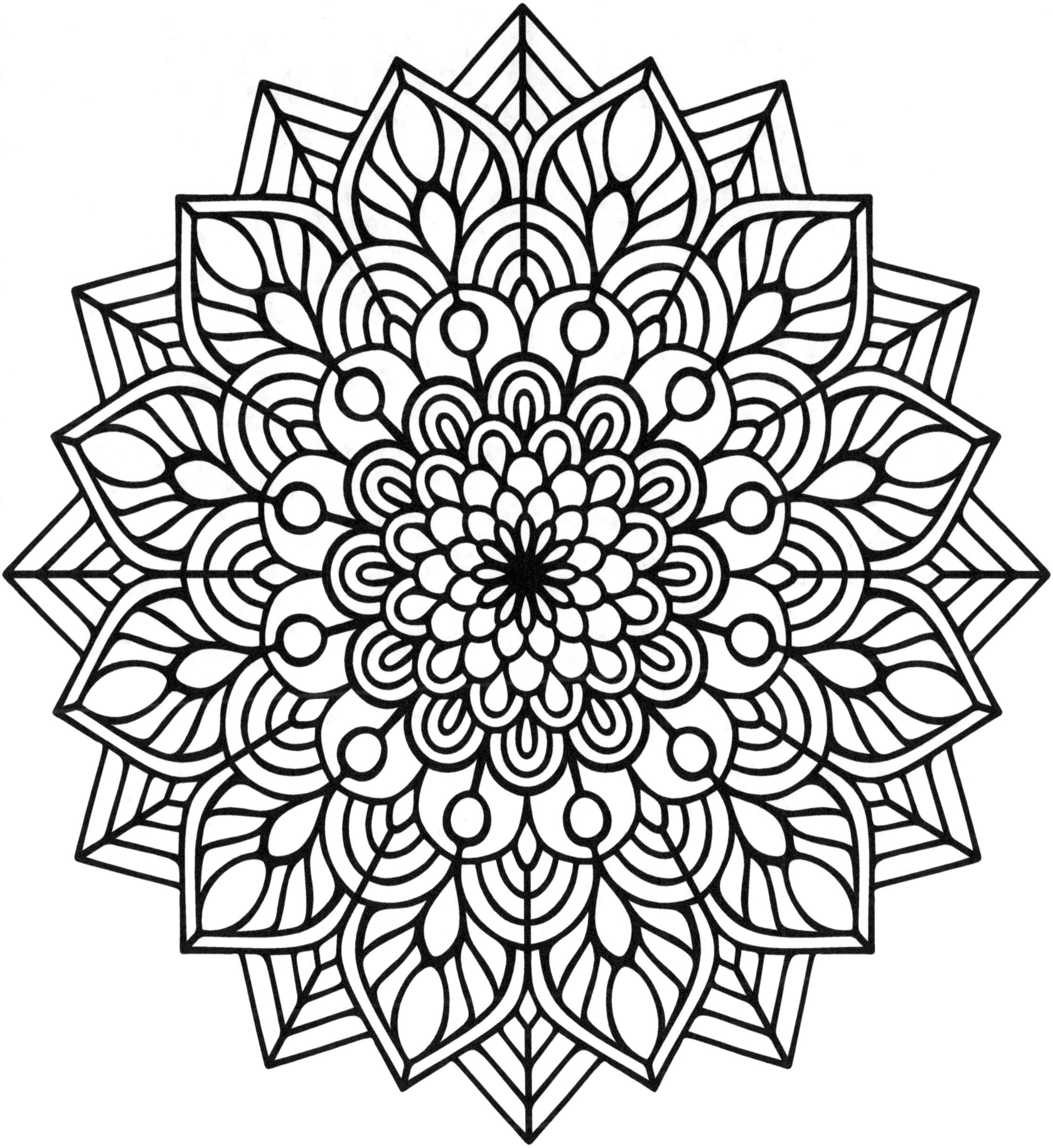

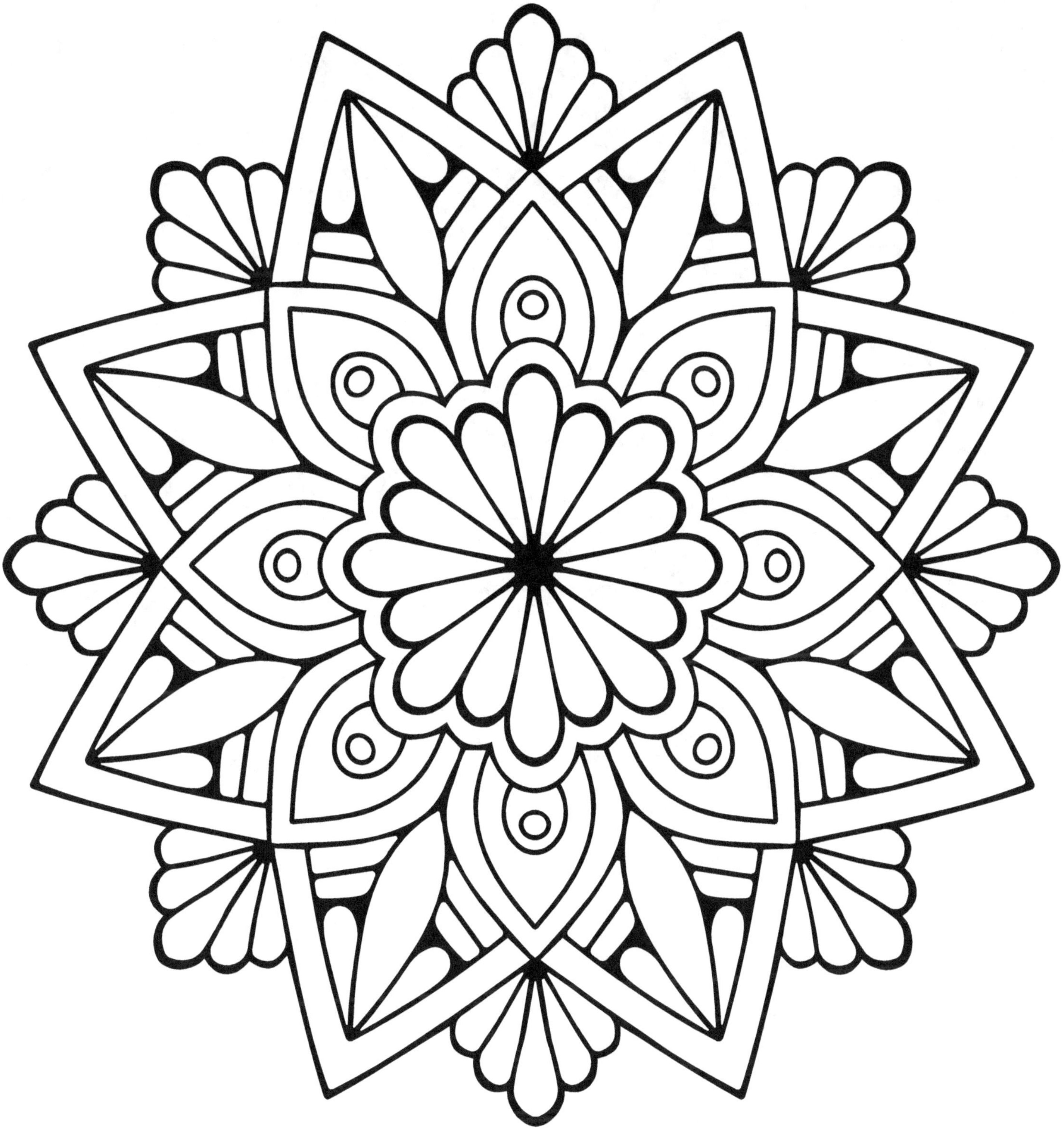

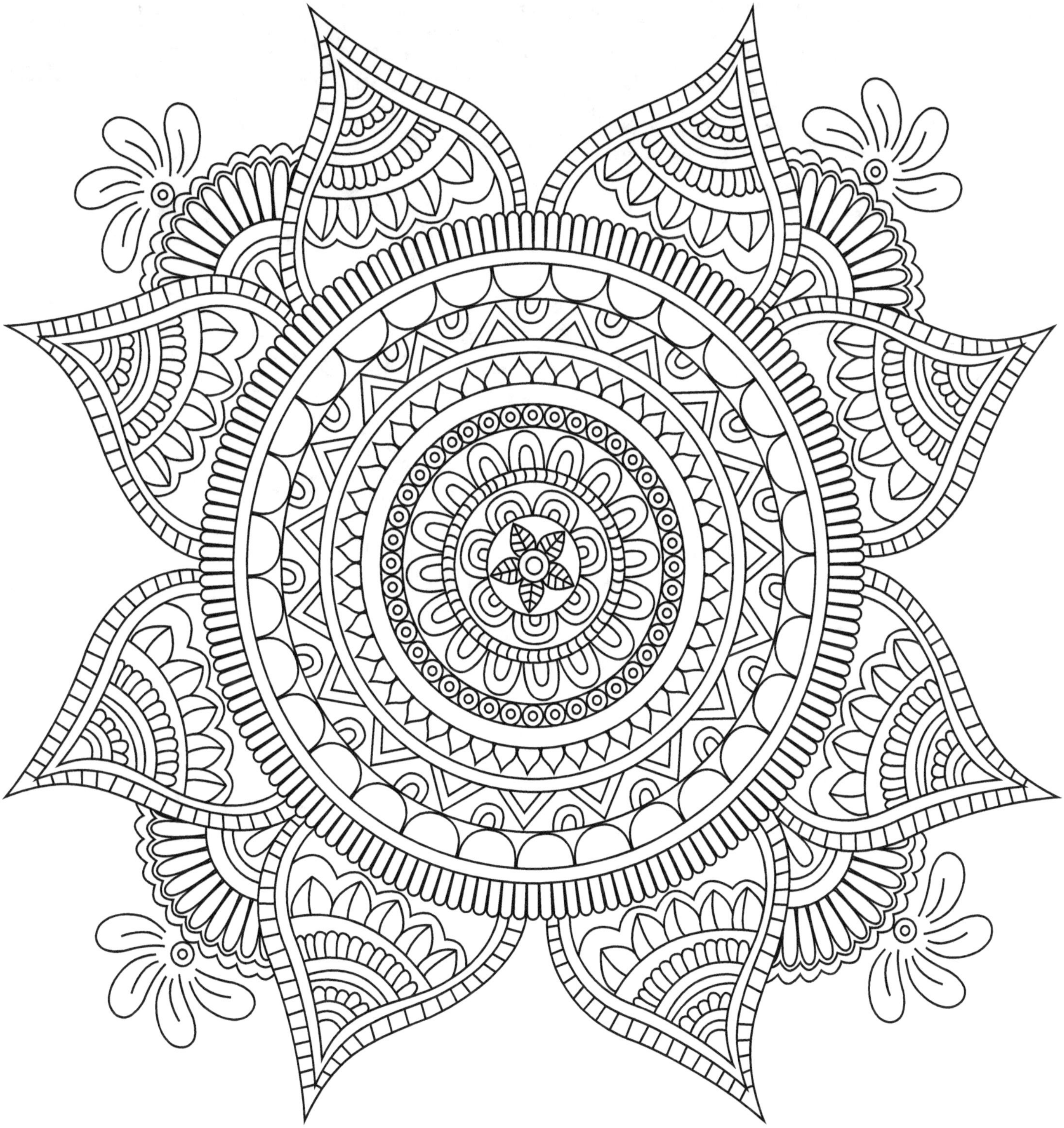

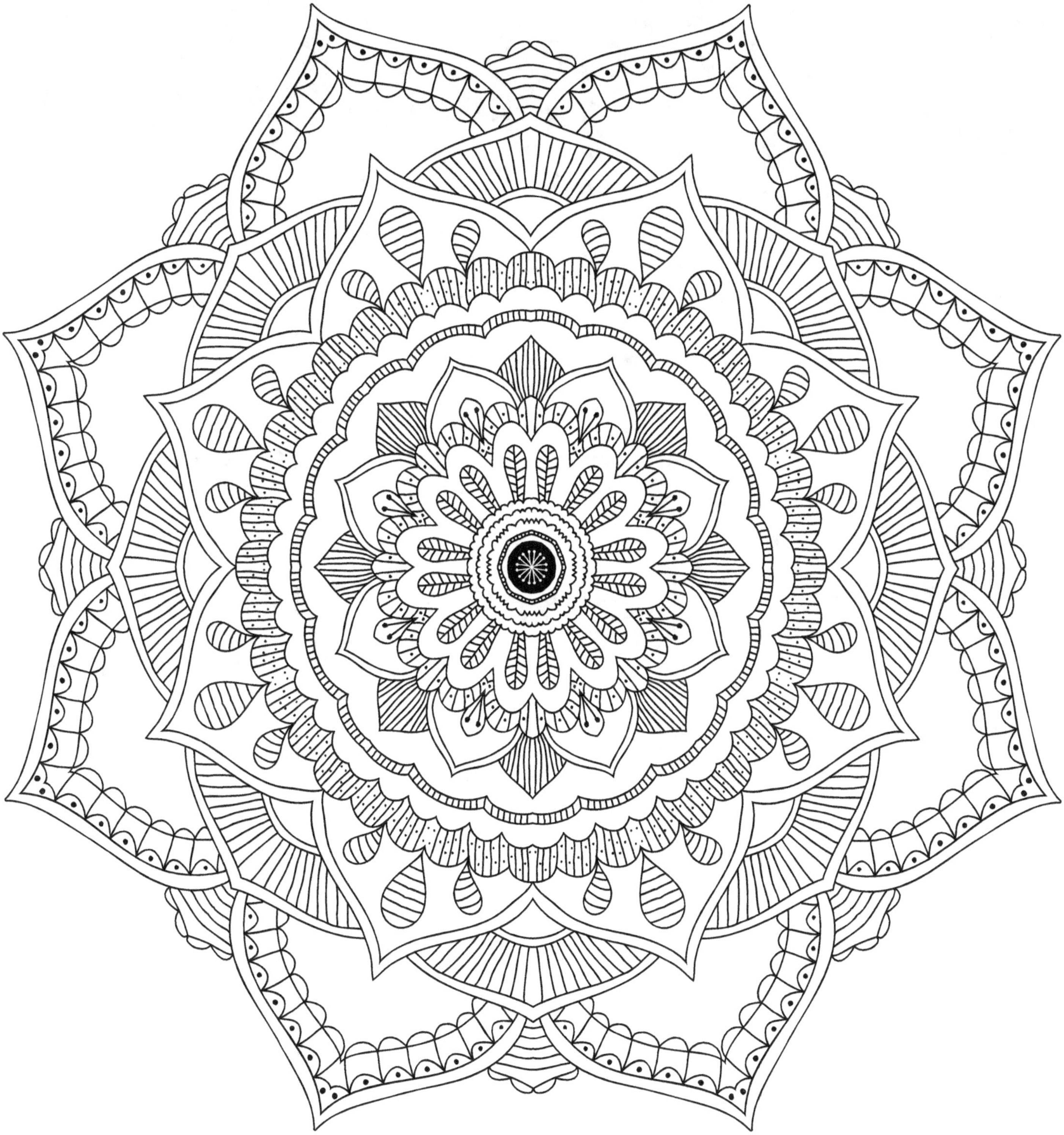

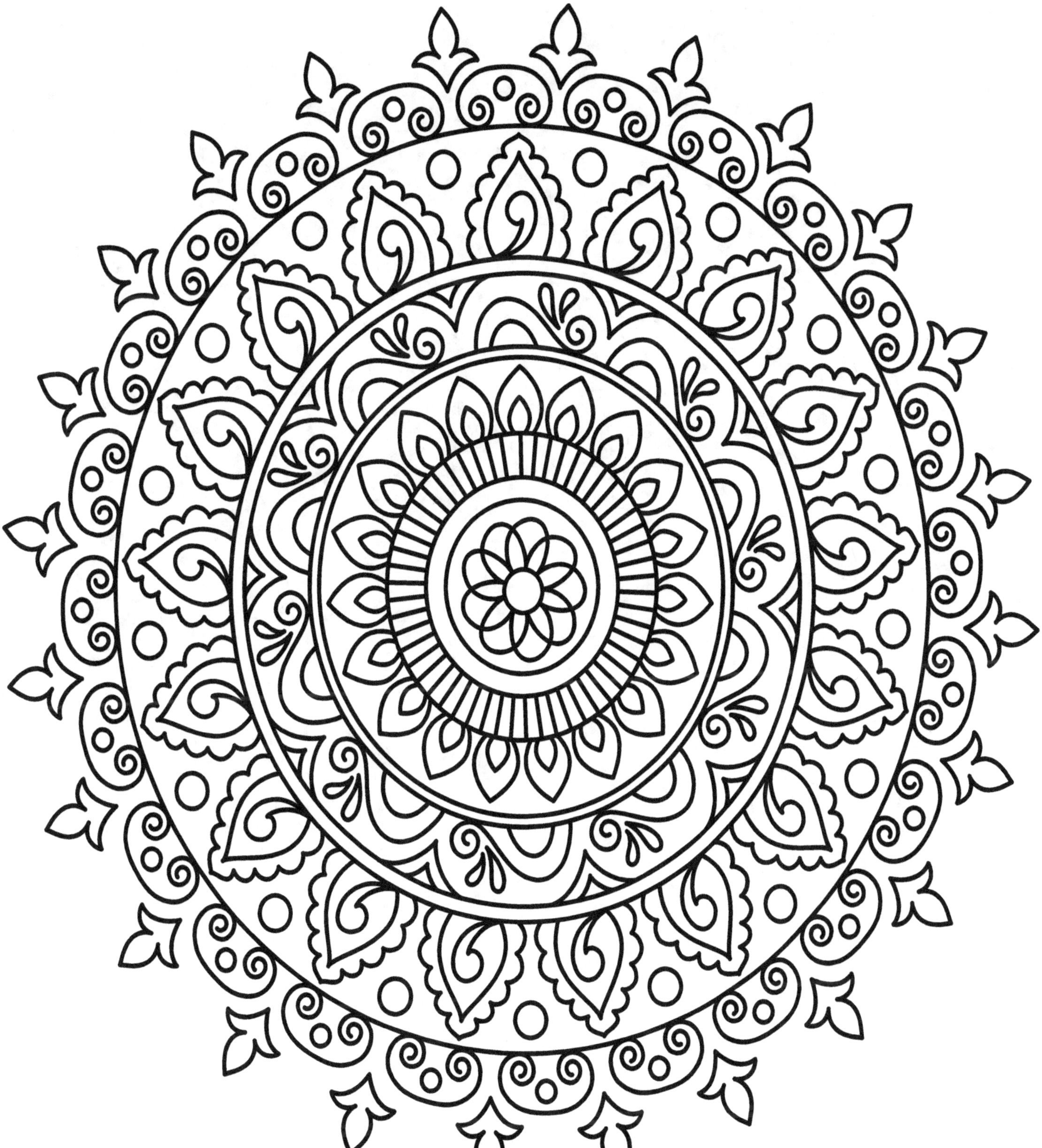

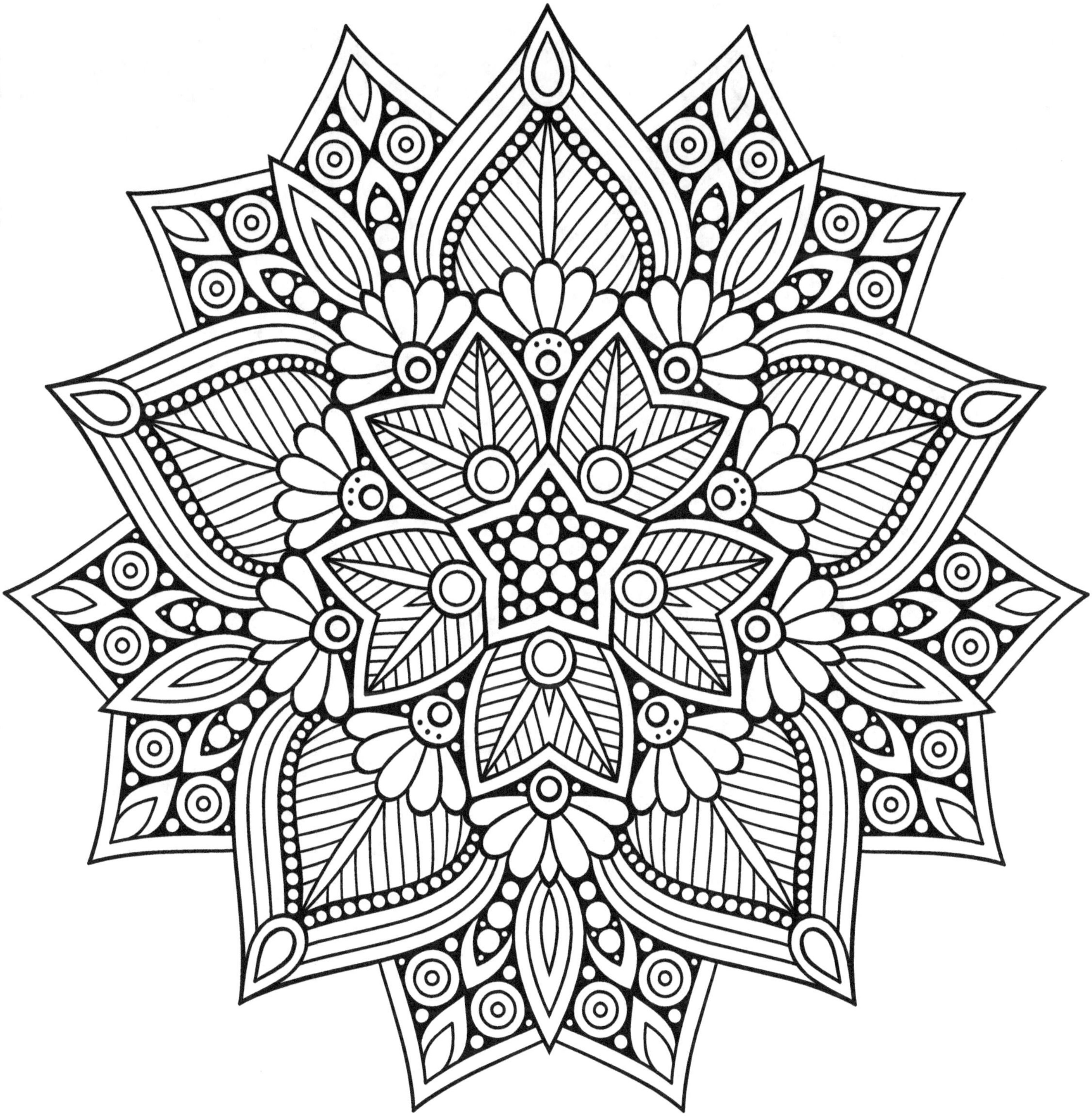

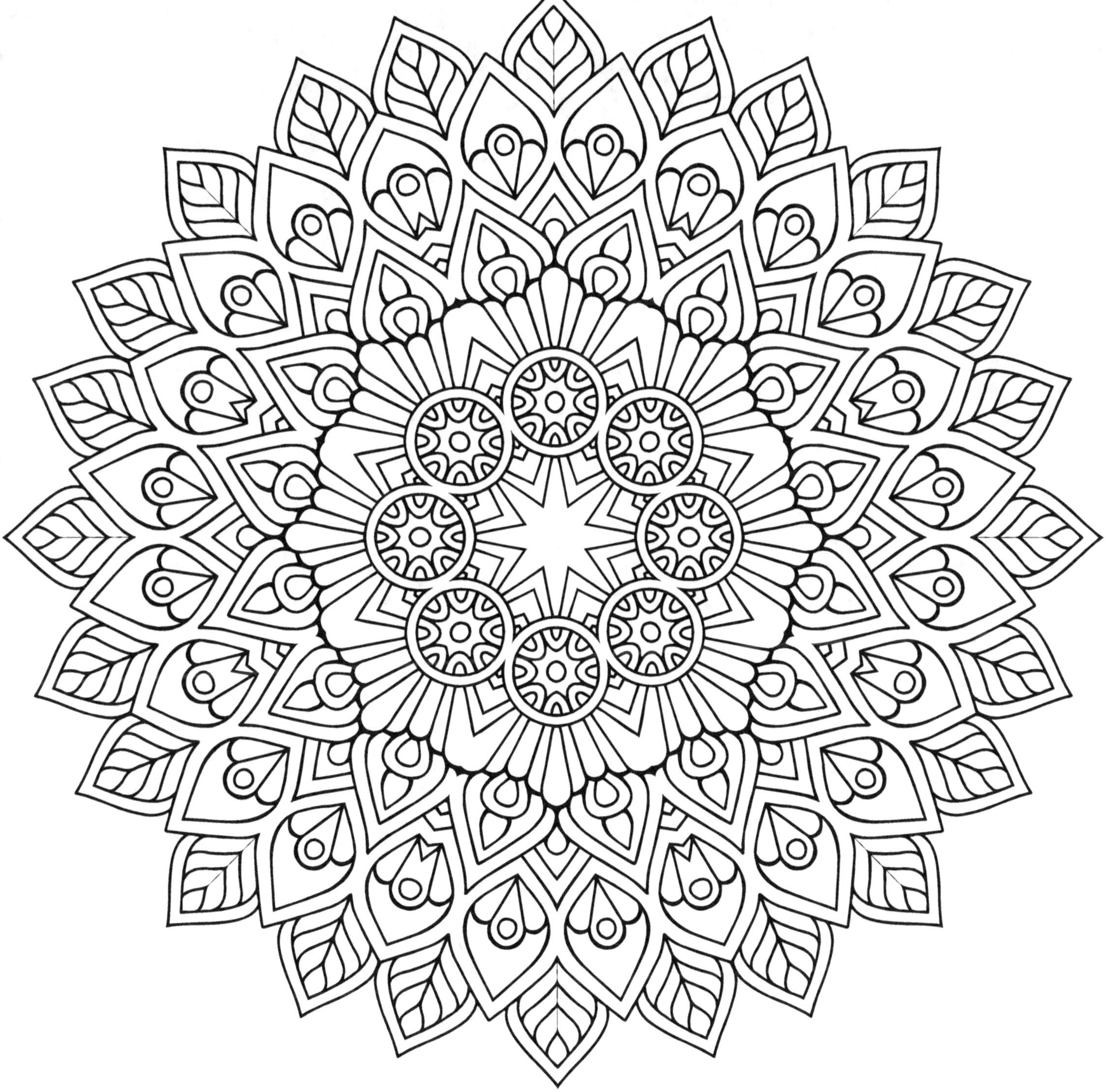

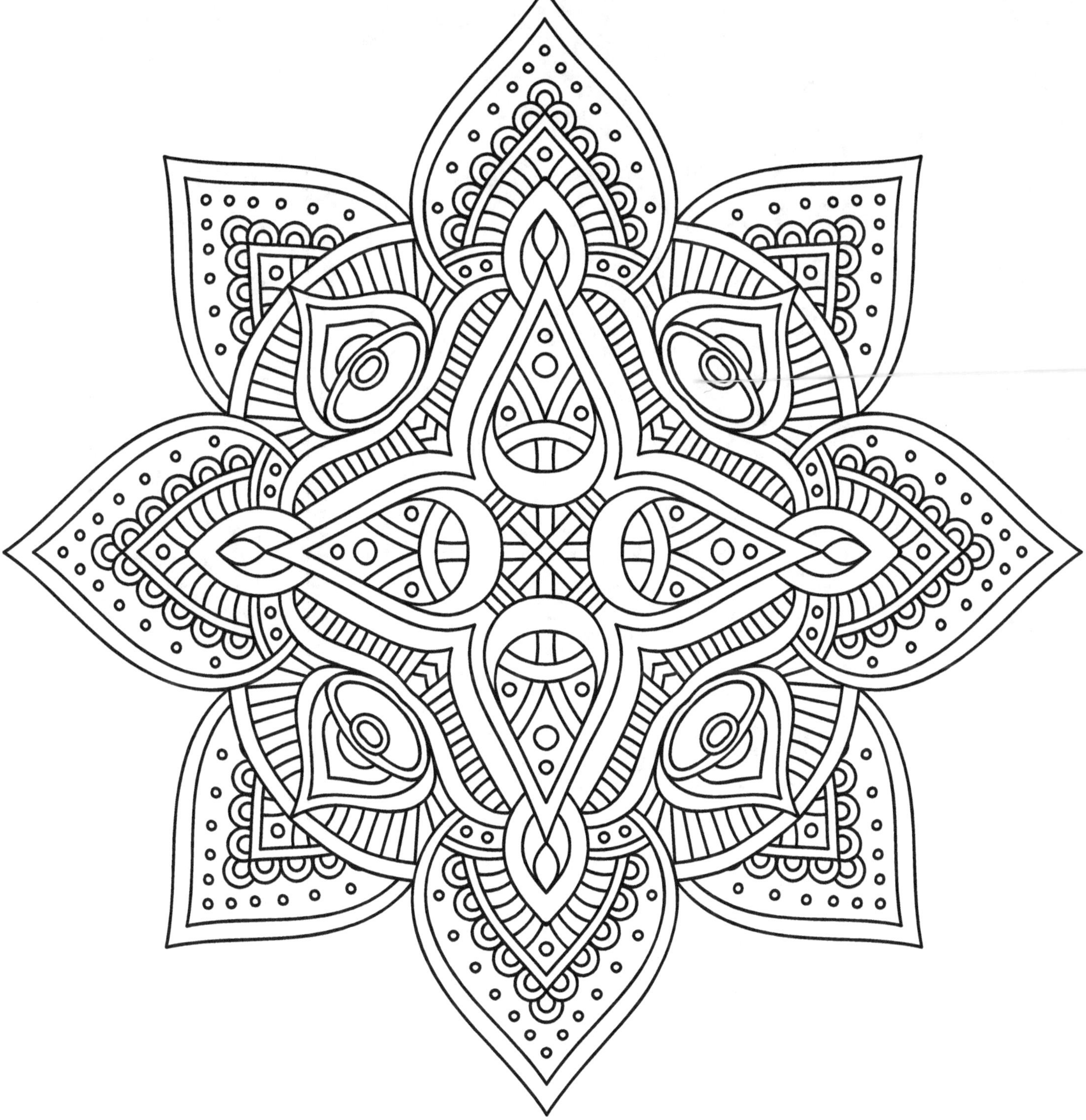

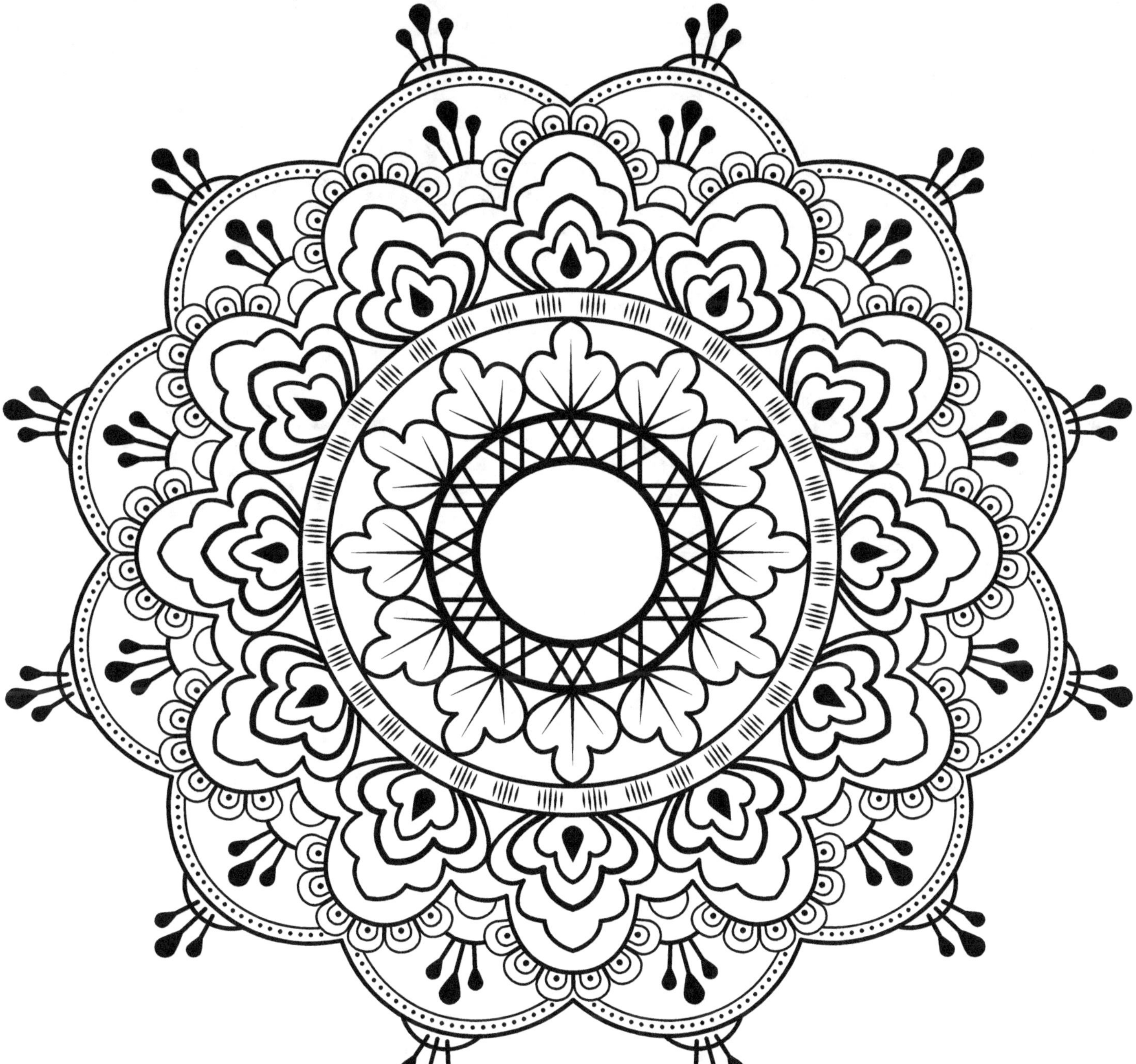

www.ingramcontent.com/pod-product-compliance
Lightning Source LLC
Chambersburg PA
CBHW081540220526
45467CB00010B/3265
* 9 7 9 8 7 1 3 4 5 7 6 4 8 *